흙 속에 무지개가 있다

이혜숙 시집

문학의전당 시인선
383

흙 속에 무지개가 있다

이혜숙 시집

문학의전당

시인의 말

몇 년째 텃밭을 가꾸는 재미가 컸습니다.
그렇게 시의 밭을 가꾸는 재미도 배웠습니다.

소녀 시절 시인의 꿈을 꾼 적이 있었는지,
잊어버린 지 오래인
그 꿈이
나비가 되어 텃밭을 날았습니다.

늦은 시집이지만,
작지만 큰 기쁨이 되면 좋겠습니다.

2024년 9월
이혜숙

차례 시인의 말

제1부

잃어버린 발자국　13
숲의 계보　14
나뭇잎 일력(日曆)　16
장미꽃의 질투　18
도둑눈　19
십이월　20
밴드의 삶　22
의자　24
고사목　25
곰탕 우리는 시간　26
흙 속에 무지개가 있다　28
유령　30
보름달의 이유　32
석류　34

제2부

목판화	37
명탐정 카톡 형사	38
사계절 얼린 가을	40
바람의 사랑법	42
거리 두기	44
영근터에서	45
가시 같은 말 삭제하기	46
내비게이션	48
나의 소풍	50
날개의 이유	51
가죽 소파	52
즐거운 외도	54
가죽 구두	56
귀가	58

제3부

무화과　61
자화상　62
상수리 열매　64
어머니 생각　65
김장김치　66
가을 햇살　68
그리운 손맛　69
제삿날 밤 소묘　70
대추와 아버지　72
월급　73
신사임당을 만나다　74
망가진 우산　76
텃밭에서　77
보석 로시　78

제4부

피아노　81
오 분만 더　82
사과의 숲　83
야자에게　84
각오　86
뒷이야기　87
레퀴엠　88
별 헤는 첨성대　90
아침을 여는 기도　91
잠들지 못하는 숲　92
애벌레의 꿈　94
동백꽃　95
목련　96
수선화　97
바오바브나무에게 배우다　98

해설 | 시간을 되돌리는 자아의 탐색　99
　　　나호열(시인·문화평론가)

제1부

잃어버린 발자국

하루에 만 보 이상 걸어보자고 결심을 했다
휴대폰에 만보기 어플을 깔았다
얼마나 많은 세월 나를 지우며 살아왔는가
최근 들어 나를 찾으려 애를 쓰고 있다
사람들은 진실을 잃고도 알아채지 못한다
얼마나 많은 세월 나는 신기루로 사라졌는가

지나간 것에 연연하지 말자고
신발이 닳도록 하루 만 보를 걸었다
아뿔싸, 신데렐라도 아닌데 열두 시가 되면 모두 사라진다
오늘 또 만 보나 되는 나를 놓쳐버렸다
치사하고 야속하다 이 만보기 어플

숲의 계보

이 숲을 지나면 마을이 나올 것이라고 믿었다
무작정, 쏟아지는 비를 맞으며
숲에 있어야 할 것들이 사라지고 없는
나무들의 죽은 그림자들이 발목에 잠기고
나무는 잎들을 버리고 나서야 드러날 것이다
낡아진 옷을 그대로 걸치고
숲속에 이르러 어린 새를 잡은 손들이
나무들 사이에서 멀어지고 있었다
새의 목청이 소리 없이 숲을 흔들고
옹이진 나무의 눈물 자국이 새들의 발톱이 되었다
예전에 우리가 이런 이야기를 나눈 적이 있었나
숲에는 고래가 살지 않는다고 여기에는 새들이 살고 있다고
날아다니는 새에게서 파랑의 향이 나서 먹어보니
바다의 짠맛이 숲에서 출렁인다
새의 눈물은 숲속의 온도를 잠식하고
숲 사이로 창백한 구름이 울음을 터뜨렸다
우리는 죽은 그림자를 따라 새의 눈물을 만져보았다
나무는 서로의 발톱을 손으로 착각하여 붙잡았고

부러진 새의 깃털은 안간힘으로 날아 보려고 했다
나뭇잎은 길 잃은 어린 새들의 발자국이 되었다
바람에 밀려가는 구름은 파랑을 쏟아 놓는다
물이 이마에 흐른다
우리는 숲을 가로질러 마을로 들어갔다

나뭇잎 일력(日曆)

숲속 나무들이 젊은 날의 기억을 매달고
쓰러진 술병처럼 윙윙 소리를 냅니다
우리가 일력을 뜯어내며 추억을 떨구듯이
나뭇잎을 한 장 한 장 뜯어내고 있습니다

운명처럼 걸어온 뒤에 노인 발자국이
삶의 전부였던 때에는 절망을 알지 못하였습니다
자고 일어나면 희망의 심지를 굳히고
등불처럼 일어나 달리기도 하였습니다

세찬 바람 불던 날엔 너무 캄캄해서
슬픔의 그림자도 보이지 않았습니다
햇볕에 그을린 단풍도 이별을 직감했습니다
그렇지 않고서야 그렇게 슬퍼할 이유는 없습니다

빈 병은 쓰러져
속상하지 않아도 울듯이
추억에는 내용물이 없어도 추억이 됩니다

여름의 뜨거움을 잊어버린 나무 아랜
단지 뜯겨나간 일력만 수북합니다

장미꽃의 질투

 지난달 요양원에 계시던 고모할아버지가 이사를 가신다기에 요양원으로 가려던 계획을 장례식장으로 변경하였습니다 살아계실 때 한 번 더 뵙지 못한 것이 못내 안타까웠는데 생전의 모습으로 국화꽃 속에서 인자하게 웃고 계십니다 장례식장 호실마다 이승에서의 이사 준비로 분주해 보입니다 국화꽃 조화들이 멋진 이름표를 달고 줄지어 서 있습니다 기웃거리며 이름표를 하나하나 읽어보았습니다 문득 이 많은 국화꽃들은 다 어디서 왔을까 궁금하기도 했지만 왜 초상집에는 국화꽃만 보내는 걸까 하는 생각에 장미도 프리지어도 초상집에 가고 싶었을 것 같았습니다 국화꽃만 보내지 말고 고인이 좋아했던 꽃을 보내면 장미도 가시를 세우며 질투하지 않았을 것 같습니다

도둑눈

어둠이 채 걷히지 않은 이른 아침
커튼 사이로 하얀빛이 비쳐 들더니
밤새 소복이 쌓인 하얀 설경을 마주하네

발꿈치 들고 살며시 도둑처럼 찾아와
온 세상을 하얀 이불로 덮어 놓았네
"웨매, 도둑눈이 겁나게 내렸어야!"
할머니의 정겨운 목소리에
용수철처럼 튀어나와 창가로 달려 나가네
얽히고설킨 지난날들을
새하얀 마음으로 덮어주는 눈
깨끗한 마음으로 다시 시작해 보자고
하얗게 새하얗게 보듬으며 위로해 주네

십이월

햇빛에 검게 타버린 이파리가
그림자를 떨어뜨리고 날아간다
그 안에 오래 쌓인 꿈의 시간을
먼 하늘빛의 명암으로 스케치한다

아버지는 날지 않으려고 새장 속에 누웠다
새끼 새들을 데리고 가는 눈먼 나무들
깊은 어둠 속에 흐르는 사나운 새의 부리
날개 접고 뜬구름 털어버리는 아버지의 낡은 주머니
떨어지는 먼지는 음표처럼 새가 되어 날아오를 것 같다
음표 사이를 날아가는 새들 머리 위로 햇볕 마르는 냄새
아버지는 날지 않는 새의 깃털을 만지작거린다
햇살이 묻어난 새의 둥지에서 겨울 냄새가 난다

새장 속에 누운 아버지에게서 나던 풀냄새
날지 않는 새들은 검은 울음을 흘린다
햇빛이 서리에 가려지고 아버지의 흰 머리카락
날아다니는 새의 깃털에서 어둠의 향기가 난다

새의 가슴속에 품었던 어제의 풀향기
아버지는 새장 속에서 마른 풀잎처럼 잠이 들었다
잠이 든 아버지의 몸을 손으로 감싸서
이쪽 둥지에서 저쪽 둥지로 밀어 넣고
날아가지 못할 말들을 구겨 넣는다

밴드의 삶

엘리베이터에서 만난 네 살 꼬마 아이가, 이거 봐요
손가락에 캐릭터밴드를 붙이고 보여준다
어머나, 다쳤니? 예쁜 밴드를 붙였으니 금방 나을 거야

어릴 때 딸은 손가락에 밴드 붙이는 것을 좋아했었다
손가락을 베인 것도 아닌데
밴드가 없어질 때까지 붙이기를 계속하던 일을 떠올리며
미소가 지어졌다

막 결혼하여 집들이한다고 신랑에게 알밤을 까라고 했다
매끄러운 알밤을 까다가 손가락을 크게 베었다
속살이 드러나고 피가 철철 흐르는데 구급약이 없었다
편의점에서 밴드를 사다가 꼭 싸매고 지혈해 주었지만
놀란 가슴은 두고두고 잊히지 않는 사건이었다

칼이나 종이에 베이면 작은 상처도 쓰리고 아플 때가 있다
몸에 난 상처는 연고와 밴드 하나로 되지만
마음에 난 상처는 무엇으로 치유할 수 있을까

나는 마음이 아픈 사람에게 따뜻한 말 한마디
다정한 손길로 위로해 본 적이 있는지
나도 밴드처럼 상처를 감싸줄 수 있는 삶을 살고 싶다

집에 돌아오는 길에 비상용 밴드를 사다 서랍에 넣는다
마음의 상처를 싸매줄 수 있는 밴드의 삶을 살아보자고
찬바람 들어오는 창문을 닫는다

의자

마음의 슬픔을 잘라내는 수많은 대패질
못 박는 고통을 참아낸 눈물의 깊이
앉았던 자리에 온기가 식지 않은 것은
이별이 오래되지 않았다는 것
언제부터 우리 사이에 금이 간 것이었을까
버려져 기울어진 의자는
한쪽 벽에 기대어 선 채 이별을 견디고 있다
어제의 내 모습 같아 자꾸 눈길이 간다

고사목

가장 춥고 가장 더운 자리에서
나는 고독하게 살아 있다
바람과 구름, 비와 눈의 세월을 사는 중이다
낭떠러지 길로 떨어지는
번개 치는 하늘을 보며 혼잣말을 한다
생사의 물음에 답은 없는 것인가

뿌리 뽑힌 발바닥
죽은 듯이 살아 있는 나는
말라서 죽어 가는가, 죽어서 말라 가는가
산 듯이 죽어 있는 나는
자고 있는 것인가, 영생을 꿈꾸는 것인가

몇 해 전부터 누워 있는 나는, 끝내
죽기를 고사하며 땅이 되고 싶다가도
살기를 고사하며 하늘이 되고 싶기도 하다

곰탕 우리는 시간

몇 해 전 가족들과 승마 체험을 하였습니다
말은 말없이 등을 내어주고 터벅터벅 걸음을 시작합니다
정해진 길만을 향하여 가는 말
주몽과 같이 거친 광야를 달렸던 말
얼마나 달리고 싶어 하는지 숨소리는 가쁩습니다
너른 초원을 마음껏 달리는 자유
세월이 흘러도 여전히 말 달리는 소리가 귓전에 맴돌곤 합니다
잠깐의 낮잠을 즐기는 시간에도 점점 더 빠르게 들리더니
말발굽 소리가 점점 더 크게 끊임없이 들려옵니다
우렁찬 군사들의 함성도 들리고
수많은 말들의 발굽 부딪히는 소리가 가까운 곳에서 들려옵니다

졸고 있던 나는 깜짝 놀라 깨어났습니다
커다란 들통에서 말 달리는 소리가 요란합니다
뼈와 뼈가 서로 부딪치며 아우성치고 있습니다
가스 불을 끄니 달리던 말들이 일제히 멈추어 섰습니다

한참을 달려왔으니 오늘 밤은 뼈 마디마디 풀어놓고
푸른 물을 뽀얗게 우리고 있을 것입니다

아침이 오면 온 가족이 구수한 곰탕 한 그릇으로
광야 같은 세상을 우리며 천리마같이 달려갈 것입니다

흙 속에 무지개가 있다

지난겨울 누군가
화단에 검정비닐을 씌우고 흙으로 덮어 놓았다
흙 속에 무엇을 숨기었는지 아는 사람은 단 한 사람뿐이다
나는 지나갈 때마다 그 답을 찾으려고 관심 있게 보았다

햇살이 화단에 내려와 두런거리며 종일 놀다 돌아가고
생명수 같은 봄비도 밤새 내려서인지
이불을 걷어차듯 흙을 밀어내고 여린 싹들이 뾰족이 나왔다
열매를 보면 나무를 알 수 있다는데
새싹 너를 보아서는 정답을 모르겠구나
조금만 더 관찰한 후 정답을 맞히려다
화단을 가꾸시는 할아버지께 여쭤보니 튤립이란다

각양각색 예쁜 빛깔로 화사하게 웃으며 반겨준다
화단의 흙은 무지개를 품고 사나 보다
어떻게 색깔을 알고 빨강 노랑 분홍 꽃을 피워낼까
꽃이 지고 나면 어떤 색을 품고 있는지 아무도 모를 텐데
할아버지는 내년에 색깔별로 심으려고 결심하신 듯

꽃대마다 자기 색의 이름표를 목에 걸어 주었다

새봄이 되면 혹시 구근이 색깔을 잊을지라도 흙은 기억하리라
그리하여 갖가지 색으로 꽃들을 피워낼 것이다
아, 흙 속에 무지개가 있다

유령

방문을 사이에 두고
긴장이 가시처럼 자라고 있다
어둠의 빛이 겨드랑이 사이로 뻗어나갈 때
숲이 나에게 말을 걸어왔다
햇살이 아주 먼 기억처럼 내리는 숲으로 가자 했다

숲이 나뭇잎을 연주하는 여름날,
나뭇잎들도 귀가 있어 음악이 흐르는 쪽으로
자꾸 몸이 기울어 가고 있다
숲에서 바람 같은 숨을 느낀다
나뭇잎이 흔들리며 바람을 얇게 자르는 숨,
숲은 햇볕에 흔들리는 계단을 오르고
허공 속에서 발이 자꾸 미끄러진다

바람의 발자국 소리는 숲으로 들어갔다
검은 눈동자의 지느러미는
어둠의 빛을 사이에 두고 자라난 뿔,
내가 먼저 문을 열고 안녕이라고 하면

몸을 점점 조여오는 동물성 더듬이는
소멸되어 가는 숨 같은 것,
나는 내가 잠든 방을 들여다보지 않았다
이후 마을에 유령을 보았다는 사람은 없었다

보름달의 이유

그녀는 그렁그렁한 눈빛을 감추려는 듯
애써 시선은 먼 산을 바라보고 있다
속마음 들키지 않으려 마음의 문을 닫아버리지만
속에서부터 푸른 상처의 북받침이 신트림으로 올라온다
가슴을 짓누르는 무게만큼 쌓인 비언어들이
문을 박차고 지레처럼 터져 상처가 되었다
무엇이 그녀를 이곳까지 끌고 왔는지
도통 기억이 나지 않는다

흘러가는 강물처럼 의미 없는 걸 알았다면
무너져 내리는 것들을 찾아 헤매지 않았을 것이다
그녀는 이제 황폐해진 마음 문을 아무도 열지 못하도록
흩어진 언어의 파편들을 단지 안에 눌러 담는다
돌아갈 수 없는 언어들은 별이 되었고
낙서가 된 언어들은 어둠을 채웠다
이제 어디로 가야 하는 것인가
아침이 오면 다시 일어나자고 다짐을 한다

찢기어진 가슴을 달빛으로 가리면서
또다시 마음 문을 꼭꼭 걸어 잠근다
지친 마음에 울음이 터지는데
외로움의 빗물은 강물처럼 가슴으로 흐른다
지친 마음이 푸르게 생기로 차오를 때까지
아무것도 기억하지 말자
세상 모든 슬픔의 언어들이 마음 문을 박차고 나가
환해질 때까지 어둠의 빗장을 건다

석류

유리 접시를 밟고 지나가는 고양이
깨진 접시 위에서 반으로 갈라진 마음
핏방울을 말갛게 튕겨내면서 석류는
빨간 음들을 쏟아낸다
바람에 흔들리는 커튼 사이로 창문 밖 새들은
빗소리를 지운다
흔들리는 나뭇가지에 잎들은
비에 젖지 않은 새들을 가리고
커튼 사이로 날아온 새 한 마리가
석류알 하나를 물고 사라졌다
비 온 뒤 숲은 젖은 마음이 자라고
엄마의 붉은 눈물은 석류알처럼 떨어진다
깊은 어둠에 잠겼던 새의 날개가
잠들지 못하고 엄마의 마음을 흩뿌린다
엄마는 어린 생명을 놓쳐버렸다
슬픔은 핏빛 구슬처럼 접시 위에 쏟아진다
식탁 위엔 붉은 핏물이 번지고 엄마의 눈물이
고양이 발자국처럼 선명하게 찍혀 있다

제2부

목판화

목마름에 출렁이는 구름이 쏟아 놓은 음표들
하늘을 걸어 다니던 고래가 찾아간 숲은 어둠이 내린다
숲속을 헤엄치던 향유고래는 화석처럼 굳어졌다
깊은 숲을 헤엄치던 지나간 시간이 간지럽다
어둠에 잠긴 가지 끝에 어미 새 한 마리
하얀 구름 사이에서 미끄럼을 탄다
죽은 엄마의 아직 남아 있는 젖가슴의 온기는
유리창 빛을 통과하는 소리 없는 햇살이다
어둠이 내려 밖이 보이지 않는 마음,
어제 한 거짓말은 부표가 되어 떠다닌다
나는 숲의 물결 위에 눈물을 새겨 넣는다
어둠이 걷힌 숲에서 나무들의 윤곽이 드러나고
미끄러지던 향유고래는 울음을 장전한 채
중력을 거슬러 솟구치는 음표가 된다
새끼를 부르는 광기 같은 소용돌이처럼
아슬아슬 한 발로 걸어 다니는 향유고래
파도에 위태롭게 떠 있는 엄마의 죽음,
죽음 뒤에 있는 그늘진 자리는 서럽고 아프다

명탐정 카톡 형사

네가 내게로 오기 전에는 누군가의 소식이 궁금했어도
무소식이 희소식이려니 하며 지냈었다
세상이 급변하고 GPS로 나의 행적이
그대로 드러나는 21세기에 네가 태어났다
30년을 소식을 모르고 지내던 고향 친구들이
너의 예리한 능력에 소환되어 한자리에 모여 동창회를 하였다
너는 가제트보다 더 멋진 명탐정이다
숨어 있으려 해도 손바닥 안에 있는 손금처럼 찾아낸다

너는 능력이 출중하다 지위 고하를 막론하고
너 없이는 아무것도 할 수 없다고들 한다
마음씨가 좋아 누구에게나 선물도 잘 보낸다
물건도 잘 사고 현금을 보내주기도 한다
연인들이 밤새 사랑의 대화를 하도록 도와준다
해외에 있는 가족과도 옆에 있는 것같이 대화도 한다
각종 이모티콘을 누구에게나 얼마든지 보내기도 한다
지나친 정보를 보내주어 불편을 주기도 한다

막 잠이 들려는 순간 카톡 카톡 하며 잠을 깨운다

함께 지내지 않으면 많은 불편이 따를 것을 알기에
명탐정 카톡 형사 너를 해고시키지 못한다

사계절 얼린 가을

냉동고에는 무엇이 들었는지도 모르게
모두 검은색 봉지에 쌓여 있다
저녁거리를 찾기 위해 냉동고를 뒤지기 시작한다
가을도 들어 있고 바다도 들어 있고 푸른 들도 들어 있다

지난해 가을에 순천에서 택배 두 상자가 왔다
저녁마다 바로 간식으로 먹을 수 있는 단감 한 상자
인내심을 테스트하듯 본질을 바로 드러내지 않는 대봉

남편은 매일 베란다의 대봉을 요리조리 살피며
말랑거리기를 기다리며, 익었나 먹어도 되나
가을이 사라져가는 것이 아쉬운 나는, 아니 더 있어야 해
잘 익은 대봉을 남편 모르게 냉동고에 넣어둔다
그렇게 몇 개를 넣어두고 여름에 간식으로 주면
홍시 같은 얼굴로 어린아이같이 좋아한다

그렇게 좋아하는 홍시를 냉동고 깊은 곳에 넣어두고
눈에 띄지 않아 여름이 지나도록 모르고 있었다

사계절이 지나서야 하얀 성에를 뒤집어쓰고
언 몸을 풀어내는 대봉감

행복한 얼굴로 홍시 샤베트를 먹는 남편을 바라보며
단감도 좋지만 자유롭게 놀아줄 영감도 같이 왔으면
올가을을 실어 올 택배가 벌써부터 기다려진다

바람의 사랑법

나는 어디로부터 와서 어디로 가는지 알지 못합니다
바다 건너 이국땅에도, 산으로 들로 다니며 바쁘게 삽니다
가만히 있지를 못하는 나를 보고 사람들은 역마살이 끼었다고 하죠
사람들은 좋은 날 꽃이 핀다고 호들갑을 떨죠
나는 질투가 나서 살랑거리는 아가씨 치마를 뒤집어 놓았죠
깜짝 놀라서 두리번거리는 모습을 보니 즐거웠죠

나는 산행을 마치고 그 사람이 보고 싶어 찾아갔었죠
나를 보더니 쾅 하고 문을 닫아버리고 창문도 닫아버렸죠
얼마나 서운했는지 몰라요, 그 사람과 항상 같이 있고 싶었죠
나는 그 사람의 두꺼운 외투를 벗기고 싶었어요
그의 가슴이 얼마나 넓은지 확인하고 싶었던 거죠
이런 나의 마음을 모르는 척하면서 옷을 여며 입었죠

나는 그가 다른 여자와 나란히 걸어가는 걸 보았죠
질투가 폭발해서 그 여자 머리를 정신없이 헝클어 놓았죠

스타일 구겼다고 당황하는 꼴이라니 재미있었죠
그가 목련꽃은 보면서 나의 존재는 느끼지 못하는 것이
질투가 나서 마구 흔들어 놓으니 꽃들이 추락했죠

역마살이 끼었다는 건 고단한 일이죠
산에도 가야 하고 들에도 가야 하고 바다에도 가야 하니까요
구름도 나무도 꽃들도 내가 없으면 안 되는,
나는 바람이죠

거리 두기

보고픈 맘으로 달려도 가고 싶지만
거리 두기 완화되면 만나자고 미루고
멀어진 이웃사촌
밥 한번 먹자 해놓고
자꾸 미루어 몇 달이 지나가네
언제 좋은 시절이 올는지 아무도 모르네

평범했던 일상이 왜 이리 그리울까
몸은 멀어져도 마음은 가까이하라 하지만
옛말에 몸이 멀어지면 마음도 멀어지는데
적당히 거리를 두어야 평화롭다고
세상은 아직도 접근 금지

영근터*에서

삼각산 끝자락서 봄바람 내려와
까칠한 잔디 끝을 건드리며 지나간다
삭풍을 견딘 가지 끝 매달린 꽃망울마다
부푼 설렘이 폭죽으로 터진다
고이고이 접어둔 스무 살 적 꿈들이
팝콘이 터지듯 하얗게 가지를 흔든다

어디선가 플래시 터지는 소리에
고개를 돌려보니 젊은이들 웃음소리
영근터 잔디밭 위에서 나비로 날아다닌다

---

*덕성여자대학교 내 잔디밭의 이름.

가시 같은 말 삭제하기

겨울바람이 사라지고 봄소식에 화분 몇 개 들였다
사슴 닮은 꽃기린을 분갈이하다 가시에 찔려
아픈 손가락을 붙잡고 잠시 지나간 시간을 되돌아본다

모가지가 긴 나는 상기된 얼굴로 창밖을 응시하고 있다
햇살이 봄을 이야기하며 베란다를 향해 들어오는 것을 보기 위해서다
온몸에 가시가 돋아 있는 나를 누구도 가까이하기를 꺼린다는 걸 알고 있다
내가 처음부터 가시를 가지고 태어난 것은 아니었다
두고 온 부모 형제 그리는 타향살이에 목이 길어지고
애끓는 그리움의 깊이가 온몸에 가시를 만들게 된 것이다
고난의 깊이만큼 가시를 내 몸에 키우며 험한 세상 살아내다 보니
의도하지 않게 누군가의 마음에 상처를 남기는 가시 같은 말을 하고
내가 옳고 상대는 그르다며 위선을 떨던 나를 보았다

가시 같은 나의 말이 얼마나 쓰린 상처로 남았을까
회개라는 말로도 가슴의 상흔이 지워질 수 없으며
쏟아진 말들이 가시처럼 박혔다는 것을
나는 알고 있다

내가 쏟아 놓은 가시 같은 말들 삭제 키를 누른다
삭제한 언어의 가시가 누군가의 가슴에 용서의 꽃으로 피기를 바라며
꽃기린 가시를 가슴으로 안아본다

내비게이션

오늘은 어디로 가시렵니까
"암베르포트"
진기한 보물이 가득한 장엄한 요새로 가보자

그는 내게 황금 몇 덩이를 사다
작은 정원이 달린 집을 지어주고 싶어 합니다

그러니 어서 길을 떠나라 재촉합니다
그는 잠시 후 우측 도로를 이용하라 합니다

띠웅 띠웅! 경로를 이탈하였다고 앙탈을 부립니다
순간 머리가 쭈뼛 서고 등줄기에 식은땀이 흐릅니다

귀소본능으로 출퇴근을 반복하는 그는
때로는 경로를 벗어나 꿈의 세계로 가고 싶습니다

새로운 목적지를 상상하며
그는 꿈꾸던 암베르포트를 향해 다시 출발합니다

그와 나 사이에 소통의 브레이크가 생기지 않을 때까지
그는 교통법규를 잘 지키라고 으름장을 놓습니다

아무리 살아봐도 잘 모르겠어요
내 인생길을 가르쳐줄 내비게이션은 없나요

나의 소풍

바람결에 낙엽이 빛 조각 흩뿌리며 떨어진다
단풍놀이 나온 사람들은 산을 오르고

가지 끝에서 바람에 서걱이는 낙엽들
발끝에 머무는 나뭇잎은 어찌 살았기에 이리 고울까

천상병 시비 귀천 앞에서 멈추어 선다
소풍 나온 아이들처럼
시인은 인생을 즐거운 소풍이라 했다

산사 풍경 소리처럼 뛰노는 아이들 웃음소리
저 아이들은 오늘이 얼마나 즐거울까

쪽빛 가을 하늘에 흰 구름도 소풍을 가는구나
스쳐 가는 바람을 따라 나도 소풍을 간다

날개의 이유

그녀의 손끝에서 한 마리씩 태어나고 있다
천 번을 접으면 학이 될 수 있다는 꿈을 꾸며

천 번의 날갯짓으로 소원을 이루고 싶은 종이학은
하늘을 날아오르는 꿈을 꾼다

그녀가 종이학에게 물었다
하늘을 나는 기분이 어떤 것이냐고

종이학이 그녀에게 대답하였다
천 년이 흘러야 알 수 있을 거라고

그녀는 고개를 저으며 말한다
날개를 가진 것들은 모두 날 수 있다고

밤마다 그녀의 손에 접힌 종이학들은
지평선 멀리 푸른 바다 위를 날고 있다고

가죽 소파

인도 암소 수라비가 나에게 온 건 불과 얼마 전 일이다
성자 바시슈타가 그리운지 큰 눈망울을 껌뻑이며
거실 한편에 버티고 있다
어린 시절 누렁이 황소를 몰고 푸른 초원을 누비던
기억의 날개가 펄럭인다

내 덩치보다 몇 배나 큰 누렁이의 고삐를 쥐고
보기에 좋은 초원으로 끌면 엉덩이를 씰룩이며
솥뚜껑만 한 똥을 깔아 놓으며 앞서가던
누렁이와 마주쳤던 눈망울 같다
햇살 따뜻한 오후 누렁이 등에 엎드리면
흔들이 위에서 잠든 아이같이
평화를 누리는 꿈에 빠지곤 했던 것처럼
나는 오늘 수라비 등에 앉아 커피를 마시며
내 손에 이끌려 말없이 걷던 누렁이와의 추억을 꺼내본다

내 어린 시절 누렁이의 큰 눈망울을 그리워하듯
바시슈타를 그리워하는 수라비

금방이라도 눈물이 쏟아질 것 같은 눈망울만 껌뻑이는
네 귀에 이어폰을 꽂아주며 음악으로 향수를 위로해 본다

즐거운 외도

나는 스물두 살에 그를 만났습니다
행복이 함박꽃처럼 피어나
그의 존재를 까마득히 잊었습니다
가끔은 외식도 하고 여행도 하며
평범하게 사는 것이 행복인 줄 알았습니다
그렇게 삼십육 년의 세월이 흘렀습니다
흰 머리카락이 늘어가던 어느 날
가슴속에 감추어 두었던 그를 향한 그리움이
내 심장을 뜨겁게 담금질하였습니다
검은 머리 파뿌리 되도록 함께하겠다던 약속은
까맣게 잊힌 지 오래입니다
내 가슴속에 숨겨두었던 그는
삶의 굴레에서 더욱 벗어나라 하였습니다

봄 햇살 따사롭던 날
나의 외도가 시작되었습니다
그를 향한 가슴은 뜨거웠습니다
벗어나고 싶은 만큼 외출이 늘어갔습니다

시를 만나기 위한 나의 즐거운 외도는
나비처럼 하늘을 자유로이 날고 있습니다

가죽 구두

매일 아침 알람 소리에 등 떠밀리듯 일어납니다
분장하고 멋 내며 동동거리는
나의 등을 따라다니는 시선이 있습니다
그는 언제나 먼저 일어나 나를 기다립니다
날마다 현관 앞에서 출근 시간을 체크하며 재촉합니다

내 어린 시절 나와 함께 자란 그였습니다
아버지가 그에게 코뚜레를 끼웠습니다
그리고 멍에를 지게 하였습니다
그래도 그는 한 번도 싫어하지 않았습니다
그런 그를 매일 아침 아무렇게나 잡아끌고 갑니다

나의 재촉에 그만 그가 보도블록에 끼어도
나는 매정하게 그를 잡아당겼습니다
그가 만신창이가 되기도 하였습니다
그래도 그에게 고맙다고 말하지 못했습니다
그의 얼굴에 로션 한번 발라주지 못해 미안합니다

내 어린 시절 아버지에게 길들어지고
귀한 자식 발을 보호하라는 특명을 받아
변함없는 충성으로 내가 가는 곳 어디라도
말없이 따라오던 소가죽 구두
그에게 이제는 수고했다고 말하고 싶습니다

귀가

땅이 솟아오르고 골목이 울렁거렸다
한 가닥 무명실 같은 정신을 붙잡고
대문 앞에 이르러서야 쓰러졌다
골목, 수많은 대문들을 지나왔다
거나한 취기 속에서도 집을 기억하는 나
신비에 가까운 더듬이 같은 촉이
내 걸음을 붙잡고 집 앞까지 왔다
취하지 않으면 삶의 무게를 견딜 수 없어
술잔을 기울이며 취기에 의지했었다
골목 어귀에서 죽은 고양이를 보았다
나는 취기 속에서도 집에 오는데
고양이는 왜 돌아가지 못하고 죽었을까
돌아갈 집도 기다리는 주인도 없었나 보다
배고픈 고양이는 추위를 견디지 못하고
영원히 잠들고 싶은 고양으로 돌아갔다
살려고 애쓰지 않아도 되는 곳으로

제3부

무화과

말캉한 식감을 유리그릇이 삼켜버리고 나면
한 번도 내 입안에 들어와 꿈틀거린 적 없었던 숨결
나는 왜 지금도 사라진 키스의 온도를 믿고 있나

집을 버리고 달아나지 못한 배고픈 검은 고양이
죽음 직전의 유언이 미처 빠져나가지 못한 물컹한 식감
낮은 담장 안엔 한 번도 꽃 피우지 않은
오래된 무화과 열매

칼끝으로 물컹한 심장을 열어 보았다
한 번도 꽃 피운 적 없던 두려움의 무게를 잠재우고
봄이 오면 날고 싶은 욕망으로 심장이 두근거린다

자화상

돌 전에 걸음을 걷는다고 엄마는 대견해 하셨단다
첫돌이라며 하얀 백설기를 이웃과 나누어 먹었단다
두 돌이 되어서는 나는 먹여주는 숟가락을 달라고 하여
반 이상 흘리면서도 혼자서 먹겠다고 고집을 부렸단다

눈도 흐리고 귀도 어두워지는 엄마에게
일상의 대화가 안 된다며 목청을 높인다
한 상에 둘러앉아
밥을 먹으며 왜 그렇게 흘리냐고 하니
안 그랬었는데 자꾸 흘리게 된다며 민망한 웃음도 흘리신다

생각해 보니 엄마는 내가 두 살 때 흘리고 먹었어도
잘한다고 칭찬해 주셨지 옷 버린다고 귀찮다 하지 않았다
두 돌 된 내가 혼자서 숟가락질한다고 대견해 하셨듯이
아직은 스스로 식사하시는 엄마를 고마워해야 할 것 같다

첫걸음마를 하였을 때도 첫 숟가락질을 하였을 때도
처음 유치원에 갔을 때도 처음 초등학교에 갔을 때도

엄마의 응원과 사랑이 있어 지금에 내가 있는 것을
나는 왜 예순이 다 되어서야 깨닫게 되었을까
음식을 흘려도 좋으니 스스로 숟가락질하시며
오래오래 나의 곁에 계시길 기도할게요
나의 거울 우리 엄마
자화상 우리 엄마

상수리 열매

눈부신 햇살에
구릿빛 얼굴 살포시
서산마루 해 질 녘 바람 불어
아름드리 참나무 아래
도토리 형제 삼삼오오
작은 몸 산산이 가루가 되고
속절없는 세월 속에
어머니의 젊음은 여위어 간다

산등성이마다 붉게 타오르는 가을
문득 그리운 고향
앞산도 세월 따라 변하고
늙지 않을 것 같던 어머니
굽어진 허리춤에서
쏟아지는 도토리 형제
입안으로 밀려드는 보드라운 숨결
추억 속 어머니 사랑

어머니 생각

억새밭 사이로 불어오는 바람
은빛 물결 되어 일렁이고
청명한 밤하늘에 수 놓은 별빛
바닷가 모래알처럼 반짝이는데

달그림자 드리운 가을밤
떠오르는 얼굴
고향 집에 홀로 계신 어머니

밤이 깊어질수록
달빛 사이로 흐르는 구름처럼
마음은 따스한 어머니 품으로

밤새 들려오는 풀벌레 소리는
다정히 들려오는 어머니 목소리
달빛 속에서 손짓하는 그 모습
밝은 달 쳐다보며 눈물짓는 가을밤

김장김치

정성을 다해 배추 모종을 심으신다
올가을 농사지어 김장하시려고
정성 들여 심어 놓은 배추와 무가
무럭무럭 자란다고 흐뭇해하신다

굽은 허리 한번 펴지 못하고
산더미 김장을 준비하는 엄마가
소금에 가슴을 절인 듯하여
내 김장은 하지 말라고 억지를 부렸다

당신이 김치를 얼마나 드신다고
이렇게 많은 김치를 담구실까
자식들 냉장고마다 꽉꽉 채워주어야
배부른 엄마

넓은 밭에 배추와 무 가득히 심으시고
아직은 움직일 수 있으니
기꺼이 해주시겠단다

할머니 김치가 제일 맛있다고 하는 딸
나도 그렇다

가을 햇살

고즈넉한 앞마당
따사로운 햇살에
붉게 익어가는 고추
어머니 분주한 손길
문마다 맑은 창호지를 입혀
사이마다 코스모스 수를 놓았네

이른 아침 고운 햇살이
창호지 입힌 문살에 비추면
하얀 창호지 사이에서
환히 드러나던 코스모스 향기
달 밝은 가을밤
잠 못 이루는 그리움이다

그리운 손맛

결혼하면서 30여 년 직장에 다니는 동안
어머니께서 김치는 물론 밑반찬까지 해주셨습니다
매번 음식을 해주실 때마다 어머니는
간이 맞을지 모르겠다고 걱정하셨습니다
어머니는 오래전부터 이가 부실하여
음식의 맛을 모르신다고 하십니다
어머니는 입맛이 아닌 손맛으로 음식을 만드셨나 봅니다
어떤 래시피보다 정확한 눈대중 양념은
사랑이라는 저울로 달아 자녀들 입맛에 꼭 맞았나 봅니다
계절 따라 김치 담그시고 반찬에 찌개까지 끓여주셨으니
나는 주부 아닌 주부로 살았습니다
이제 직장살이 끝내고 검색하여 김치를 담그며
맛있는 김치를 만들어 주신 노고에 감사함을 느꼈습니다
예순이 다되어 처음 담근 김치에
스스로 뿌듯하여 시어머니께 가져다드렸습니다
맛있게 잘하였다며 김치 양념을 내어주십니다
어머니 솜씨 따라가려면 아직 멀었지만
이제 어머니 입맛에 맞는 김치를 담가드려야겠습니다

제삿날 밤 소묘

오늘은 친정아버지 제삿날
그날 밤처럼 보름달이 떠 있다

서쪽 하늘이 붉어지더니 땅거미가 내려앉는다
아버지는 삐걱거리는 대문을 활짝 열어 놓으라 하신다
한 번도 본 적 없는 할아버지가 오신다고 했다
엄마의 발걸음은 온종일 기름 냄새로 향기롭다
아버지는 밤의 가시 옷과 가죽옷을 벗기시더니
보드란 속까지 벗기셨다
하얗게 속살을 드러낸 밤이 찬물로 뛰어들었다
턱을 괴고 바라보던 나는 눈꺼풀을 주체하지 못한 채 잠이 들었다
깨어보니 어느새 할아버지는 다녀가시고
속살을 드러낸 하얀 밤과 알록달록한 과일들
기름 냄새 향기롭던 찬들로 상이 가득했다

밤을 잡수시러 밤에 오신다던
그날 보지 못한 할아버지와

밤을 위하여 밤의 옷을 벗기시던 아버지 모습이
대문 밖에 머물던 보름달에 비치며 아른거린다

대추와 아버지

멀리 내 고향 뒤뜰에
바람에 맞서던 나무가 있었지
밤새 팝콘처럼 어깨마다
달콤한 보석이 매달렸지
수줍게 붉어진 얼굴을
아버지는 긴 장대를 가져와
온 힘을 다해 떨어뜨리면
멍석 위로 툭툭 떨어져 뒹굴었지
세월을 먹고 온 대추가
아버지처럼 늙어 있었다

월급

아버지는 어린 시절부터 땅을 일구며 살아오셨다
그러던 어느 날부터 아버지의 인생은 달라졌다
아버지 어깨를 올라가게 했던 힘
아버지의 걸음을 갈지자로 걸어가도록 하고
동생들과 동구 밖까지 나가 통닭을 기다리게 한 힘

세월이 흘러 나도 아버지와 같은 길을 걸었다
아버지와 인생을 함께했던 월급
이제는 내 삶의 동반자가 되어
한 달에 한 번씩 어김없이 기쁨을 준다

신사임당을 만나다

어느 여름날 오후에 오죽헌에 갔습니다
전통가옥이 마음을 포근히 감싸줍니다
고즈넉한 사랑채에서 낭랑한 글 읽는 소리가 들려옵니다
한복을 곱게 입은 여인이 다과상을 차려주었습니다
향기로운 차를 마시며 신사임당과 담소를 나누었습니다

사임당 어머니가 그린 그림을 햇살 고운 뜰에 내려놓았습니다
그때 벌들이 꽃에 내려와 꿀을 따가지고 갔습니다
마당에 나와 놀던 배고픈 암탉이 이리저리 눈치를 보더니
꽃잎 뒤에 숨어 있던 메뚜기를 쪼는 것이었습니다
사임당 어머니는 배고픈 꼬꼬에게 보리쌀을 주시며
네 눈에도 살아 있는 벌레처럼 보이느냐며 웃으셨습니다

그때 나는 파리 몽마르뜨에서 있었던 이야기를 시작하였습니다
우리나라가 월드컵 4강에 들던 당시
그곳에도 사임당의 초충도는 명성이 높았습니다

사임당의 그림은 그림이 아니라 사진이라며
화가들 사이에는 자주 갑론을박이 있었습니다
사진이라고 우기는 무리들이 있어
나는 신사임당이 그린 진품이라고 말하고
훗날 한국의 화폐에서 증명하게 될 것이라고
그들에게 강한 어조로 말하였습니다

그래서 그런지 오죽헌을 나와서도
사임당의 따스한 미소가 생각납니다

망가진 우산

밤새 으르렁거리며 소낙비가 퍼붓고 있습니다
창문에 부딪히는 빗줄기들이 가여워 보입니다

초등학교에 처음 가던 날도 밤새 비가 내렸습니다
버스 문 사이에 끼어 우산 허리가 구부러졌습니다
허리를 펴지 못하는 우산을 부여잡고 빗속을 달렸습니다
바람에 날아가려는 우산을 붙잡고 깔깔거렸습니다
우산 속에서 듣는 웃음소리는 빗소리보다 더 즐거웠습니다
우산 속의 수다를 시샘하는 바람이
우산의 꿈을 민들레 홀씨처럼 높은 하늘로 날려 보냈지요

그날 나는 비에 흠뻑 젖은 작은 새처럼 떨다가
밤새 고열로 이승과 저승을 오갔습니다

우산을 사려고 뛰어다니는 오늘
우산을 고쳐줄 아버지의 부재가 더 간절합니다

텃밭에서

세 평 남짓한 텃밭에
도시 농부의 꿈이 부풀고
거름 주고 땅을 갈아
상추와 가지 고추를 심고
물 주며 바라보는 눈길에
어여뻐라 신기하기도 하지
어쩌면 이렇게 잘 자라니
상추 한 바구니에 고추 서너 개
오늘 저녁상은 수라상 부럽잖네
한 쌈 가득 입안에 넣고
도시 농부의 행복이
땀 흘리며 힘들다던 엄살이
온데간데없이 사라지니
내 아버지 어머니는
그 기쁨으로 평생을 농부로 사셨나 보다

보석 로시

네가 처음 내게로 오던 날의 기쁨과 설렘
그날의 감동은 영원히 잊을 수 없단다

너와 나란히 누워 열 손가락 세어보던
그 기쁨, 그 경이로움을 평생 잊을 수 없단다

어느덧 세월 지나 곱고 곱던
너의 어깨 위에도 무거운 짐이 지워져 있구나
대신 져 줄 수 없어 아려 오는 마음
너는 아는지

힘내라 넌 할 수 있어
지금의 노력이 꿈을 이룰 밑거름이 되고
아름다운 열매로 세상의 빛이 될 것이니

언제나 너를 응원하며 기도한다
사랑해 나의 귀한 보석

제4부

피아노

당신을 만난 지 어느덧 이십 년이 훌쩍 지났지만
한결같이 근엄한 모습입니다
여전히 내게는 눈길 한번 주지 않습니다
떨리는 두 손으로 당신 가슴 마음껏 만져보고 싶지만
마음뿐이고 설렘뿐입니다
일방적이어서 더 좋은 사랑도 있지요
마초 같은 저 근엄함 속에
비발디의 사계가 숨겨져 있다니요
나의 손길로 사계 중 봄이라도 꺼낼 수만 있다면
당신에게 미소를 되찾아줄 수 있을지 모릅니다
어쩌면 서투른 나의 손길에
당신은 영영 말문을 닫아걸지도 모릅니다만
용감한 자가 사랑을 쟁취할 수 있다지요
이제 용기를 내어볼 생각입니다
내 손가락 끝에 꽃이 피는 날까지
당신을 괴롭혀 볼 생각입니다

오 분만 더

피곤이 채 풀리지도 않았건만
미명 속에 들려오는 닭 울음소리
넌 참 부지런도 하구나
너는 너대로 나는 나대로
오늘을 살아가면 될 터인데

멀리 타향 이국땅에서
내 피곤을 모르는 척하려느냐
내 나라 내 조국의 땅으로 돌아가면
이른 아침 나의 등을 떠밀던
닭, 너의 울음소리 그리워질까

내 어린 시절 너의 울음소리에
이불 속으로 숨고만 싶었지
아직도 자냐 호령하시던 아버지보다
너의 목소리가 더 싫었지
오 분만 더 자고 싶은데

사과의 숲

사과를 깎는 마음이 떨려온다
겨울을 견뎌낸 사과나무 꽃송이가
봄눈이 사라지듯
숲 사이를 흐른다

시간을 놓쳐버린 사과의 마음은
젖어버린 접시 위에 올려두었다
죽은 엄마의 얼굴을 만지듯
나는 접시 위에 빛바랜 사과의 여린 살을 만진다
엄마의 가슴에 던졌던 말들이 옹이가 되고
나는 마음의 옹이를 도려내듯 사과를 깎는다

깎아도 닿을 수 없는 마음이 접시 위에 있고
엄마는 날개 접은 작은 새처럼 침대 위에 누워 있다

나는 사과를 깎고
엄마의 궤도는 내려앉았다

야자에게

오랜만에 만나서 반가웠어
몇 년 만에 너를 이곳에서 만나다니
너무 놀랐지 뭐야
난 그때가 늘 생각났어
처음 마닐라 해변에서 너무 무더운 기후에
괴로워할 때
너의 몸을 나에게 주며 갈증을 해결해 주었었지
한국으로 유학 오면
홈스테이해 주겠다고 했던 건 생각나니
그런데 네가 이곳에 와 있는 줄 몰랐지 뭐야
공부는 어렵지 않니
음식은 입맛에 맞니
한 방 식구하고는 잘 지내고 있는 거지
인도에서 온 보리수
이탈리아에서 온 올리브와도 잘 지내길 바라
이국땅에 왔으니 공부 잘 마치길 바랄게
내 도움이 필요하면 언제든지 연락해 줘
고국으로 돌아가기까지 건강하게 잘 지냈으면 해

코코넛 야자야,
너무너무 반가웠어

각오

죽은 듯한 고목을 보았을 때
시 쓰기를 멈춘 나를 보는 것 같았네

죽은 듯이 보이는 나무가
움을 틔우기 위해서는
뿌리가 살아 있어야 하네

꽁꽁 언 땅속
보이지 않는 곳에서도
정신은 살아 있어야 하네

나의 뿌리는 어디로 갔나
나의 심장은 왜 아직 잠자고 있나

노구에 꽃을 피운
저 고목처럼
나도 아직 죽지 않았음을 보여주리라

뒷이야기

오징어와 남의 말은 씹을수록 맛있어진다
어둠이 내려앉은 골목
하루를 독한 술로 푸는 사람들로 가득하다
거나하게 취기가 오르면 자리에 없는
누군가의 이야기는 안줏거리가 된다
오징어는 화려한 불빛에 눈이 멀어
낚시에 걸려 내장 버리고 껍질 벗겨져서
술잔이 오고 가는 자리에 안주가 되었다
뼈도 없고 줏대도 없이 평생을 씹히며 살았다
잘살아 보겠다고 도시로 왔다
오늘도 누군가 내 말을 하는지 등이 뜨끈거린다
오징어 먹물 자국처럼 남은 지울 수 없는 실수는
안주가 되어 오징어처럼 씹혔다

레퀴엠

비 내리는 날이 푸른 숲으로 흐른다
구름은 흩어지고 잎새가 쌓이던 바위에
침묵의 이끼가 고명처럼 얹힌다

나는 숲에서 잠이 들었다
기울어지는 목소리들,
풀숲 사이로 숲속의 길들을 여는
나무들의 목소리가 걸어 나온다
서걱거리며 숲을 이야기하는 바람 소리,
숲속에 살던 누군가는 변주된 연주곡을 흘리고 간다
오래도록 머물다 가는 주검들이
분명, 그것은 깊은 여름 숲에서
화석처럼 굳어진 고목의 옹이가 되었다

사람들의 이야기는
길 잃은 새의 오래된 하늘,
푸드덕거리던 날갯짓들은
빛이 되어 쏟아지며 숲으로 사라져갔다

더는 어둠이 흐르지 않는 숲속,
햇살이 잘려나간 숲은 잠이 들지 않는다
눈물 젖은 손으로 만져보는 푸르던 음표들

새들이 어둠을 삼키던 밤,
숲에서 별과 나무들이 나의 이름을 지우다가
숲은 깊은 잠에 든 새들을 지운다
무채색 물감이 뚝뚝 떨어지는
눈물에 젖지 않는 슬픔이
한 번도 똑바로 서지 못한 나무가 되었다

별 헤는 첨성대

이곳에서 천년의 역사가 흘렀구나
옛 여왕이 밤하늘의 무수한 별을 헤게 하였다지
꽃들도 새들도
바람도 비구름도 붉게 흘러
탯줄로 천년의 역사를 이어왔다지
초승달을 품어 천 번의 사계절이 오고 가던 날
향기 없는 목련꽃은 목이 잘리는 아픔을 견디며
천 번째 이 봄을 데려가 주었구나
이제 밤하늘의 별을 헤라고 했던 여왕은 없어
그 누구도 너와 함께하지 않아도
너는 꿈을 찾아가는 별지기

아침을 여는 기도

어김없이 앞마당 소나무에서
알람처럼 울려오는 딱따구리 소리는

몸을 일으켜 일출을 맞이하는 나에게
경건한 의식으로 들려오는 메아리

고운 목소리는 깊은 산중에 묻어두고
부리로 쪼는 울림은 애벌레 깨어나듯
나를 깨운다

어김없이 나를 깨우는 딱따구리는
하루를 시작하는 기도 시간

숲에서 내려온 풀향기가
기도하는 마음의 걸음을 재촉하고

두 손을 모으는 순간
어제의 상념들이 이슬처럼 사라진다

잠들지 못하는 숲

나무들이 빛 속을 걸어 다닌다
태양은 녹아 숲에서 흐르고
여름 숲의 빛깔이 발목에 잠긴다
비에 젖은 오래된 숲의 향이 손끝에 잡히고
목마른 새들이 꿈속을 빠져나온다

숲의 모퉁이를 돌 때마다 발목에 잠기는 이끼
발자국의 숫자, 나무들이 놀라 흔들리는 숲,
축축한 여름 숲이 빛으로 날아오르고
숲을 통과한 시간은 옹이가 박힌 오래된 나무,
나무들 숨소리에 놀란 새들이 잠들지 못하는 밤,
짙어진 초록 냄새 쥐똥나무 이끼처럼 검은 돌들이
숲에서 걸어 나오고 흰 구름이 몰고 온 낯선 바람은
진초록 나무와 나무 사이에서 흔들리며 서성인다
여름 숲 물기 가득한 이끼 향이 발목에 잠긴다

여름 숲 늑대의 날카로운 송곳니,
숲으로 날아 올라간 새들의 상처 난 핏자국

허공 속에 쫓기던 깃털은 숲속에 잠긴 젖은 나무가 되고
발목이 꺾일 때마다 걸어온 시간을 만지며
짙어진 초록 냄새 넓고 축축한 숲이 된다

애벌레의 꿈

따스한 햇살 포근한 바람
찬란한 봄을 수 놓은 고운 빛깔
노랑나비 흰나비 반기는 환호성

왜 사람들은
나비가 되기 전 애벌레가
나비처럼 날기 위해
꿈을 꾼다는 것을 잊은 채
화려한 나비만 바라보는가

봄 햇살 가슴으로 안고
높은 하늘 마음껏 날아오를 꿈을 꾼다
오늘도 내일도 하늘을 날고픈
나비가 되는 꿈을

동백꽃

지평선 너머 떨어지는 노을에
붉어진 마음 감추려 하니
선혈로 떨어지는
사람이 보이네

하늘을 품은 검푸른 바다
수평선 너머로
안개를 품고 사라져간 여객선

붉은 꽃망울
하나 둘 떨어지니
한 해 두 해 새겨둔
아픈 마음
한 걸음씩 즈려밟고 가네

목련

첫사랑의 눈길인 듯
터질 듯 가득했던 그리움
하얗게 피어납니다

높이 쌓아 올린 담장 밖
손 뻗으면 닿을 듯
바람에 흔들리며
한걸음에 달려옵니다

야속하게
바람이 한 잎 두 잎 떨구어냅니다

수선화

견딜 수 없는 추위를
뿌리에 감싸 안고
기어코
피워내었네

긴 목을 빼어 들고
맑은 얼굴에
가득한 눈물

사연을 물어볼 새도 없이
힘없이 스러져 가네

바오바브나무에게 배우다

하얀 얼굴에 보조개가 예쁜 아가씨가
낭창거리며 내게로 다가와서
가시 돋친 작은 선인장을 건넨다
전자파를 흡수하니 컴퓨터 옆에 두란다

어디서 왔기에 전자파를 먹고 살까
그녀의 고향은 사하라사막
물 한 모금 모래밭에 숨기고 타는 갈증으로 가시를 만든다
우직한 못된 손버릇 고쳐보려고
뿌리는 바늘을 찾아 헤맨다

모래 사이사이에 한 모금 물을 저장하고
타는 갈증에만 꺼내 마시는 그녀
뜨거운 태양과 맞서 이겨내려면
두꺼운 다육질 얼굴이 되어야 한다

그녀는 바오바브나무에게서 살아남는 법을 배웠다고 했다

해설

시간을 되돌리는 자아의 탐색

나호열(시인·문화평론가)

시인이란 제1 언어와의 사랑놀이를 평생토록 지속하는 사람이다.
— 유종호

들어가며

이혜숙 시인의 첫 시집 『흙 속에 무지개가 있다』를 제대로 감상하기 위해서는 '시인이 생각하는 시가 무엇인가?' 다시 말해서 '왜 시를 써야 하는가?'에 대한 적절한 탐색이 필요할 것이다. 시의 정의는 어찌 보면 각각의 시인들이 펼쳐놓은 시 속에 숨어 있을지 모르겠다. 대략적으로 사회의 부조리에 대한 비판, 자연의 완상(玩賞)을 넘어 궁극적으로 시인 자신에게 내포되어 있는 자아의 확고한 정립에 다다르게 되는 것이 일반적인 시류라 할 수 있겠다. 그래서 "혼자 떼어보는 화투놀이나 혼자 두는 독장기와 비슷하다."(유종호)는 시 쓰기는 종종 과장된 깨달음에 경도되기도 하면서 전인적 인격체로 자신을 드러내는 모순을 범하기 일쑤이다. 오래전 어느 연구 결과를 보면 우리는 자신이 타인보다 도덕적 존재라고 인식하고 있다고 한다. 그런 까닭인지 많은 시인들은 도덕적 존재로서의 자각을 시에 들여놓는 일에 힘을 쏟는 것을 종종 목격할 수 있다.

다시 이혜숙 시인의 이야기로 되돌아 가보자. 시인은 「즐거운 외도」에서 스물두 살에 만난 시를 삼십육 년쯤 지나 다시 쓰기 시작하였다고 적고 있다. "평범하게 사는 것이 행복인 줄 알았"는데 "가슴속에 감추어 두었던 그를 향한 그리움이/내 심장을 뜨겁게 담금질하였"다고 고백한다. 그렇다면 여기서 "그"라고 칭한 시는 일상적 행복 너머에 있는 그 무엇이며, 일상 속에 가려진 불편한 진실과도 맥이 통하는 것이다. 생각해 보면 '나'라는 존재는 의식 속에 수많은 타자를 포용해야 하는 숙명을 지니고 있다.

우리가 공통적으로 용인하고 있는 행복은 태어나면서부터 받아들여만 하는 관습과 환경에 적응하면서 얻어야만 하는 무지개와 같다. 시인은 인생의 후반기에 이르러 그러한 행복을 성취했다. 그럼에도 시(시 쓰기)를 행복에서 벗어난 즐거운 외도라고 정의한 까닭은 무엇일까?

어느 정도의 물질적 풍요를 보장받은 상태에서 우리는 더 많은 행복의 버킷리스트를 만들 수 있다. 멋진 집, 맛있는 음식, 여유로운 여행 등등에서 정신적 만족을 느낄 수 있을 것이다. 바로 이 지점에서 시인의 자각은 그러한 물질적 풍요를 얻기 위해 내팽개쳐 두었던 불편한 자아의 실체를 드러내야 한다는 열망을 품게 되는 것이다. 분명한 것은 그 열망은 원망이나 증오의 해소가 아닌 따뜻한 사랑을 찾아가는 여로가 시의 실체이고 시 쓰기인 것이다. 시를 쓰기 위해 태어난 사람은 없다. 이혜숙 시인에게 들어온 시마(詩魔)는 살아 있음을 확인하기 위한 자신만이 지니고 있는 순수한 자아를 찾아가는 순례의 길일 따름이다.

> 죽은 듯한 고목을 보았을 때
> 시 쓰기를 멈춘 나를 보는 것 같았네
>
> 죽은 듯이 보이는 나무가
> 움을 틔우기 위해서는
> 뿌리가 살아 있어야 하네
>
> 꽁꽁 언 땅속
> 보이지 않는 곳에서도
> 정신은 살아 있어야 하네
>
> 나의 뿌리는 어디로 갔나

나의 심장은 왜 아직 잠자고 있나

　　　노구에 꽃이 피운
　　　저 고목처럼
　　　나도 아직 죽지 않았음을 보여주리라
　　　　　　　　　　　　　　　—「각오」전문

추억을 더듬다

　시집 『흙 속에 무지개가 있다』는 현재형의 진술보다 과거형 어법이 주를 이루고 있다. 다시 돌아올 수 없는 과거 속으로 되돌아가서 그 당시의 자신을 비춰보는 시들이 바로 그것이다. "얼마나 많은 세월 나를 지우며 살아왔는가/최근 들어 나를 찾으려 애를 쓰고 있다"(「잃어버린 발자국」)라거나, "우리는 죽은 그림자를 따라 새의 눈물을 만져보았다"(「숲의 계보」), "추억에는 내용물이 없어도 추억이 됩니다"(「나뭇잎 일력(日曆)」)와 같은 토로가 그러하다.

　　　가장 춥고 가장 더운 자리에서
　　　나는 고독하게 살아 있다
　　　바람과 구름, 비와 눈의 세월을 사는 중이다

낭떠러지 길로 떨어지는
번개 치는 하늘을 보며 혼잣말을 한다
생사의 물음에 답은 없는 것인가

뿌리 뽑힌 발바닥
죽은 듯이 살아 있는 나는
말라서 죽어 가는가, 죽어서 말라 가는가
산 듯이 죽어 있는 나는
자고 있는 것인가, 영생을 꿈꾸는 것인가

몇 해 전부터 누워 있는 나는, 끝내
죽기를 고사하며 땅이 되고 싶다가도
살기를 고사하며 하늘이 되고 싶기도 하다

―「고사목」전문

 이 시는 화자인 고사목을 통해 인간 일반의 생애를 조망하고 있다. 생로병사의 굴레를 벗어날 수 없는 삶의 한계와 그 한계를 벗어나려고 몸부림치는 허망한 죽음[枯死]과 한사코 그 길을 마다하는 고사(固辭)로 중의(重義)하는 묘미를 보여주고 있다. 죽은 듯이 살아 있기도 하고 살아 있어도 죽음과 다름없는 세상일들이 얼마나 많은가! 사회적 존재로서 보다 안락한 삶을 위해서 우리는 겹겹의 가면을 쓴 채로 본연의 자아를 잊어버리거나 잃어가고 있는 것은 아닌가! 그래서 시인의 즐거운 외도는 추억 속에서 때 묻지 않은 자아를 찾아보는 여정에 다름 아니다. 시인이 호명하는 아버지나 어머니에 대한 그리움은 그들로부터 받은 가족애로부터 유발된 것이지만 더 깊이 들어가 보면 그 가족애의 각성이 시인의 자아를 발견하는 시발점이 된다는 점을 유의할 필요가 있다. 시집의 3부에 수록되어 있는 「어머니 생각」, 「김장김치」, 「가을 햇살」, 「그리운 손맛」, 「자화상」은 어머니를 소재로 삼은 시들이고 「대추와 아버지」, 「월급」 등은 아버지를 회상하는 시들이다.

 부모를 대상으로 삼은 시편들은 보편적으로 자애(慈愛)와 그들의 희생을 기리고 그 은덕을 다 기리지 못하는 회한을 그리움으로 표상하는 경우가 많다. 이혜숙 시인의 시편들 또한 그러한 범주에서 크게 벗어나지 않는다. 그럼에도 이들 시편을 주목해야 하는 이유는 시인 또한 부모가 되고 한 가정을 꾸려나가는 존재로서 선대의 내리사랑을 자신이 어느 만큼 수행하고 있는지 되물어 보는 데 있다. "세월이 흘러 나도 아버지와 같은 길을 걸었다"(「월급」)는 회상은 월급쟁이로서의 아버지의 신고를 체감하는 것이며, 힘들어하면서도 매년 김장김치를 보내오는 어머니의 노고를 "어머니 솜씨 따라가려면 아직 멀었지만/이제 어머니 입맛에 맞는 김치를 담가드려야겠"(「그리운 손맛」)다고 결심하는 데서 그 의의를 더하는 것이다.

엄마의 응원과 사랑이 있어 지금에 내가 있는 것을
나는 왜 예순이 다 되어서야 깨닫게 되었을까
음식을 흘려도 좋으니 스스로 숟가락질하시며
오래오래 나의 곁에 계시길 기도할게요
나의 거울 우리 엄마
자화상 우리 엄마

―「자화상」 부분

　누구나 뻔히 알고 있으면서도 효도를 실천하지 못하는 것이 자식의 마음이다. 이제 부모는 나이가 들어 세상을 떠나거나 노년의 힘듦을 견디고 있다. 효도를 받으려고 자식을 키우는 부모가 어디 있겠느냐마는 만분의 일이라도 그 마음을 헤아려주는 자식이 있다면 참으로 행복한 일일 것이다. 「자화상」은 시인 자신이 노년의 길에 접어들면서 앞서가는 어머니를 향해 나지막이 전하는 웃픈 이야기이다. "나의 거울 우리 엄마" 이 말만큼 가슴 저린 사랑이 어디 있겠는가!

받은 대로 돌려주기

　살아가면서 우리는 의식 속으로 틈입하는 수많은 타자들을 어쩔 수 없이 받아들여야 하는 속박을 벗어나기 어렵다. '나'라는 존재에 따라 붙는 수많은 명칭들—아버지, 아들, 직장의 여러 직급들 등등—은 항상 나에게 '~다움'을 요구한다. 그 무언의 명령들을 수행하려면 가면을 쓰고 본심을 숨기고 상황에 맞는 처신을 해야만 한다. 앞에서 이야기했던바, 자신이 타인들보다 도덕적 인간이라는 착각이 갈등과 오해를 불러일으킨다. 사회생활을 원만히 유지하려면 상하관계뿐만 아니라, 수시로 변동되는 갑을의 관계를 노심초사하지 않으면 안 된다. 말로는 상생을 외치지만 실제로 그 상생을 실현하기는 매우 어렵다.

> 고난의 깊이만큼 가시를 내 몸에 키우며 험한 세상 살아내다 보니
> ―「가시 같은 말 삭제하기」 부분

> 함께 지내지 않으면 많은 불편이 따를 것을 알기에
> 명탐정 카톡 형사 너를 해고시키지 못한다
> ―「명탐정 카톡 형사」 부분

그래서 자신의 안위를 위해서 대안으로 제시되는 것이 '받은 대로 돌려주기(tit for tat)'이다. 간단히 말해서 모든 행위에 공정의 잣대로 대하는 것이다. 이는 요즘 시대와 젊은 세대들

의 트랜드로 정착되는 시류로서 부당한 대우에 대해서 강력히 저항하고 시정을 요구하는 것이다.

> 오징어와 남의 말은 씹을수록 맛있어진다
> 어둠이 내려앉은 골목
> 하루를 독한 술로 푸는 사람들로 가득하다
> 거나하게 취기가 오르면 자리에 없는
> 누군가의 이야기는 안줏거리가 된다
> 오징어는 화려한 불빛에 눈이 멀어
> 낚시에 걸려 내장 버리고 껍질 벗겨져서
> 술잔이 오고 가는 자리에 안주가 되었다
> 뼈도 없고 줏대도 없이 평생을 씹히며 살았다
> 잘살아 보겠다고 도시로 왔다
> 오늘도 누군가 내 말을 하는지 등이 뜨끈거린다
> 오징어 먹물 자국처럼 남은 지울 수 없는 실수는
> 안주가 되어 오징어처럼 씹혔다
> ―「뒷이야기」 전문

시인은 우리에게 묻는다. 당신은 어떠한가? 당신은 남을 험담할 만큼 공정한 사람인가? 이 질문은 시인 자신에게도 해당됨은 물론이다. 시인 또한 뒷이야기의 주인공임을 알기에 괴로워하는 것이 아니겠는가.

내가 쏟아 놓은 가시 같은 말들 삭제 키를 누른다
    삭제한 언어의 가시가 누군가의 가슴에 용서의 꽃으로
피기를 바라며
    꽃기린 가시를 가슴으로 안아본다
                    —「가시 같은 말 삭제하기」부분

 이혜숙 시인은 인생의 도(道)를 깨달았기 때문에 시를 쓰는 것이 아니라 깨닫기 위해서 시를 써야 한다는 명제를 체득하고 있다. 이런 고해야말로 보잘것없는 장삼이사들에게 건네는 소중한 위로이기도 하다. 험난한 세상을 떠나 "아무리 살아봐도 잘 모르겠어요/내 인생길을 가르쳐줄 내비게이션은 없나요"(「내비게이션」)라고 영원히 존재하지 않는 유토피아를 갈구하기도 하고, 시집의 끝머리에 보이는 사물과의 대화를 통해 위안을 삼으려고도 하는 마음을 피력하기도 한다.

    당신을 만난 지 어느덧 이십 년이 훌쩍 지났지만
    한결같이 근엄한 모습입니다
    여전히 내게는 눈길 한번 주지 않습니다
    떨리는 두 손으로 당신 가슴 마음껏 만져보고 싶지만
    마음뿐이고 설렘뿐입니다
    일방적이어서 더 좋은 사랑도 있지요

마초 같은 저 근엄함 속에
비발디의 사계가 숨겨져 있다니요
나의 손길로 사계 중 봄이라도 꺼낼 수만 있다면
당신에게 미소를 되찾아줄 수 있을지 모릅니다
어쩌면 서투른 나의 손길에
당신은 영영 말문을 닫아걸지도 모릅니다만
용감한 자가 사랑을 쟁취할 수 있다지요
이제 용기를 내어볼 생각입니다
내 손가락 끝에 꽃이 피는 날까지
당신을 괴롭혀 볼 생각입니다

—「피아노」 전문

아마도 시인은 피아노를 쳐볼 요량을 가졌지만 바쁜 일상 속에 연주법을 제대로 배우지 못했던 모양이다. 오랜 시간이 지나 장식품처럼 방치(?)되었던 피아노에 손길을 건네고 싶은, 첫사랑의 기쁨을 갖고도 싶었던 것이다. 그리하여 이러한 전통적 서정의 기계적 인식에서 벗어나 시인은 자신의 실체(자아)가 어떤 것인지를 바람의 속성을 통해 실감하게 된다.

나는 어디로부터 와서 어디로 가는지 알지 못합니다
바다 건너 이국땅에도, 산으로 들로 다니며 바쁘게 삽니다

가만히 있지를 못하는 나를 보고 사람들은 역마살이 끼었다고 하죠
사람들은 좋은 날 꽃이 핀다고 호들갑을 떨죠
나는 질투가 나서 살랑거리는 아가씨 치마를 뒤집어 놓았죠
깜짝 놀라서 두리번거리는 모습을 보니 즐거웠죠

나는 산행을 마치고 그 사람이 보고 싶어 찾아갔었죠
나를 보더니 쾅 하고 문을 닫아버리고 창문도 닫아버렸죠
얼마나 서운했는지 몰라요, 그 사람과 항상 같이 있고 싶었죠
나는 그 사람의 두꺼운 외투를 벗기고 싶었어요
그의 가슴이 얼마나 넓은지 확인하고 싶었던 거죠
이런 나의 마음을 모르는 척하면서 옷을 여며 입었죠

나는 그가 다른 여자와 나란히 걸어가는 걸 보았죠
질투가 폭발해서 그 여자 머리를 정신없이 헝클어 놓았죠
스타일 구겼다고 당황하는 꼴이라니 재미있었죠
그가 목련꽃은 보면서 나의 존재는 느끼지 못하는 것이
질투가 나서 마구 흔들어 놓으니 꽃들이 추락했죠

> 역마살이 끼었다는 건 고단한 일이죠
> 산에도 가야 하고 들에도 가야 하고 바다에도 가야 하니까요
> 구름도 나무도 꽃들도 내가 없으면 안 되는,
> 나는 바람이죠
>
> ―「바람의 사랑법」 전문

 시로서의 품격 여부를 떠나서 바람으로 표상되는 '나'의 우스꽝스럽기도 하고 순진무구한 실체를 재미있게 풍자하고 있다. 태어남도 죽음도 거처를 알 수 없는, 보이지 않으나 끊임없이 꿈틀대는 욕망을 지니고 있는 '나'이지만 "구름도 나무도 꽃들도 내가 없으면 안 되는,/나는 바람"이라는 주체적 인식을 체득한다는 것은 그리 쉬운 일은 아니다. 그렇다! 바람은 허무하기 짝이 없는 무형의 실체이다. 자신의 실체가 바람이라 해도 시인은 허무함에 빠지거나 비탄에 함몰되지 않는 미덕을 체득하고 있다.
 앞서 「즐거운 외도」에서 시인은 자신의 삶이 충분히 행복했다고 술회한 바 있다. 그럼에도 겹겹이 쌓인 가면 속에 숨어 있는 자아를 탐색하는 일이 시(시 쓰기)임을, 그럼으로써 진정한 행복을 찾아가야만 하는 숙제를 스스로 떠안은 셈이다.
 쾌락주의 철학자 에피쿠로스는 '명성과 권력은 행복의 조건에 전혀 부합되지 않는다'고 주장했다. 또한 이혜숙 시인이

인정한 의식주의 안락함 또한 절대적인 행복의 조건이라고 보지 않았다. 에피쿠로스는 '자연스럽고도 가장 필요한 행복의 조건은 우정과 자유, 그리고 불안을 야기하는 죽음, 질병, 빈곤에 대한 사색'이라고 말했다. 자신의 죽음을 기꺼이 불사할 수 있는 친구가 있는 것, 그 무엇에도 구애받지 않는 자유를 누리는 것이 행복의 조건이라면 이혜숙 시인의 시 쓰기는 바람이라는 자유, 바람이라는 덧없는 실체를 받아들였다는 점에서 어느 정도의 성취를 이루었다고 볼 수 있다. 어디 그뿐인가, 모든 것을 받아들이기만 하는 흙이 지니고 있는 생명이라는 무지개, 쓰고 나면 버려질지라도 상처를 감싸 안는 밴드도 시인이 찾아낸 진실된 자아임이 틀림이 없다.

> 집에 돌아오는 길에 비상용 밴드를 사다 서랍에 넣는다
> 마음의 상처를 싸매줄 수 있는 밴드의 삶을 살아보자고
> 찬바람 들어오는 창문을 닫는다
> ―「밴드의 삶」부분

> 새봄이 되면 혹시 구근이 색깔을 잊을지라도 흙은 기억하리라
> 그리하여 갖가지 색으로 꽃들을 피워낼 것이다
> 아, 흙 속에 무지개가 있다
> ―「흙 속에 무지개가 있다」부분

나가며

 시집 『흙 속에 무지개가 있다』는 자아의 탐색을 세계의 자아화, 즉 서정에 의탁하는 유형을 취하고 있다. 시인이 경험한 다양한 이야기 속에 자리 잡은 '나'를 드러내는 기법은 시 읽기의 안정감과 독자로 하여금 시에 쉽게 몰입할 수 있는 즐거움을 준다. 그러나 이런 경향은 예술 일반이 추구하는 독창성과 철학성을 담보하는 데 취약하다는 문제점을 함께 지니고 있다. 한 마디로 어떤 주제, 어떤 소재를 끌어내든 간에 '시는 은유이다'라는 명제를 벗어나서는 안 된다. 시인이 의도하는 주제를 진술이 아니라 다르게 표현한다는 것이 자칫 해독의 어려움을 가져온다 하더라도 꾸준히 실험해야 하는 것이 시인의 책무인 것이다.
 이 시집에는 이혜숙 시인이 앞으로 펼쳐나갈 것으로 예상되는 시세계를 보여주는 시편들이 수록되어 있음이, 이 시집의 또 다른 성과임을 밝힌다. 일일이 열거할 수는 없으나 「레퀴엠」, 「날개의 이유」, 「숲의 계보」와 같은 시들은 오랫동안 음미해야 알 수 있는 차의 맛을 언어로 보여주는 시편들로서 다음 시집을 기대하게 하기에 충분하다.
 엘리엇의 말대로 시는 오독의 역사이기 때문에 필자의 감상이 정답이 될 수 없음은 분명하다. 이 글을 마치면서 인상 깊은 시 한 편을 함께 감상해보기로 한다. 다양한 느낌이야말로 좋은 시로 가는 첩경이라는 믿음으로!

> 말캉한 식감을 유리그릇이 삼켜버리고 나면
> 한 번도 내 입안에 들어와 꿈틀거린 적 없었던 숨결
> 나는 왜 지금도 사라진 키스의 온도를 믿고 있나
>
> 집을 버리고 달아나지 못한 배고픈 검은 고양이
> 죽음 직전의 유언이 미처 빠져나가지 못한 물컹한 식감
> 낮은 담장 안엔 한 번도 꽃 피우지 않은
> 오래된 무화과 열매
>
> 칼끝으로 물컹한 심장을 열어 보았다
> 한 번도 꽃 피운 적 없던 두려움의 무게를 잠재우고
> 봄이 오면 날고 싶은 욕망으로 심장이 두근거린다
>
> ―「무화과」 전문

문학의전당 시인선 **383**

흙 속에 무지개가 있다

ⓒ 이혜숙

초판 1쇄 인쇄 2024년 10월 1일
초판 1쇄 발행 2024년 10월 8일
   지은이 이혜숙
   펴낸이 고영
   디자인 헤이존
   펴낸곳 문학의전당
  출판등록 제448-251002012000043호
    주소 충북 단양군 적성면 도곡파랑로 178
    전화 043-421-1977
  전자우편 sbpoem@naver.com

  ISBN 979-11-5896-664-5 03810

*이 책의 판권은 지은이와 문학의전당에 있습니다.
*양측의 서면 동의 없는 무단 전재 및 복제를 금합니다.
*잘못 만들어진 책은 바꿔드립니다.